Night truck driver
Kierowca nocnej ciężarówki

Night truck driver
Kierowca nocnej ciężarówki

Marcin Świetlicki

Translated from the Polish by
Elżbieta Wójcik-Leese

Zephyr Press | Brookline, Mass

Printed in Michigan by Cushing Malloy, Inc.

This publication is made possible in part by the Academy of American Poets
with funds from the Amazon Literary Partnership Poetry Fund.

Zephyr Press acknowledges with gratitude the financial
support of the Massachusetts Cultural Council
and the National Endowment for the Arts.

Zephyr Press, a non-profit arts and education 501(c)(3) organization,
publishes literary titles that foster a deeper understanding of cultures
and languages. Zephyr Press books are distributed to the trade in the U.S.
and Canada by Consortium Book Sales and Distribution [www.cbsd.com].

Cataloguing-in publication data is available from the Library of Congress.

ISBN 978-1938890-80-2

ZEPHYR PRESS
www.zephyrpress.org

Table of Contents

Night truck driver

Wstęp

Dam mu na imię Abel – powiedział ten obcy
człowiek, którego potem tak straszliwie trudno
będzie nazywać ojcem, powiedział to do
szczupłej, w niektórych miejscach zupełnie nieszczupłej
kobiety, którą potem będziemy nazywać
matką. DAMY mu tak na imię, podkreśliła matka,
a on się skrzywił – to on zdecydował,
a ona tylko powinna przytaknąć.

Wieczór – gdy to zrobili i nadali imię
można umieścić w jakimś wyjątkowo
ładnie wyglądającym miejscu i jakimś przyjemnym
czasie, my jednak będziemy złośliwi:
wiosna 1961, Polska.
W ogrodzie głupia ożywała jabłoń,
nie pamiętając, że zeszłego roku
niczego nie zrodziła. Zaskroniec prześlizgnął się przez pień.

Mieli otwarte oczy, dokładnie – do końca,
spodnie wisiały staranie złożone
na krześle, a na drugim wisiała sukienka,
oboje byli nadzy i wstydzili się.
Zaskroniec pełzał poprzez ogród i jadł kurz i piasek,

Preface

"I shall name him Abel," said the stranger
—a man to be later called, with such terrible
difficulty, father; he said it to a
slim, in some places totally unslim,
woman whom we'll later call
mother. "WE shall name him so," stressed the mother,
and he grimaced: it's him who had decided,
she should have only approved.

That evening, when they did it and selected the name,
might be set in some exceptionally
nice-looking place and at some pleasant
time. We, nonetheless, will be malicious:
the spring of 1961, Poland.
In the garden a stupid apple tree was coming to life,
not recalling that last year it brought forth
nothing. A grass snake slithered over its trunk.

Their eyes were opened, exactly, to the end;
the trousers hung carefully folded
on the chair, on another hung the dress;
both were naked and ashamed.
The grass snake crept across the garden, eating dust and sand;

a ojciec ojca kaszlał i krzyczał za ścianą
w obcym języku klątwy, a radio trzeszczało,
trzeszczało i huczało niczym miecz ognisty.

Na nocnych polach i podwórkach nocnych
krążył nie istniejący starszy brat i śmiał się.
Wiosna. W zajezdniach martwe autobusy.
Stare oranżadówki z tym niezwykłym kształtem
i uroczym sposobem otwierania. Księżyc.
Miły milicjant. Księżyc. I miesięcznik
„Ty i Ja", który leżał na stole pod lampą
– otwarty, wcale nie przypadkiem, na pierwszej stronicy.

Będziemy obserwować postępy ciemności.

behind the wall the father's father coughed and swore
in a foreign tongue of curse; and the radio crackled,
crackled and boomed like a flaming sword.

In the night fields and night courtyards
a non-existent elder brother whirled and sneered.
Spring. In the depots, dead buses.
Old lemonade bottles of that unusual shape,
that charming way to open them. Moon.
A nice militiaman. Moon. And the magazine
You and I on the table in the lamplight
—opened, not by chance, on its first page.

We'll be observing the advance of darkness.

Wszystko cieknie

Nie śnij się, nie śnij. W którymś śnie się utop
tak ostatecznie i nie przyśnij już się.
Robisz mi nieporządek w chaosie. Aż muszę
zaraz po przebudzeniu kląć bezgłośnie, żeby
ciebie odpędzić. Do mojej przeszłości
wprowadzili sie obcy, nawet nie wiem kto,
leżą przy tobie na tapczanie, sprawnie
– uczciwie za drzwi wypychają, tak że
to nie jest teraz moja przeszłość. Dzisiaj odwilż.
I wszystko cieknie. Wszystko cieknie.
Niszczeją wszelkie trwałe formy.
Budzi się z zimy rozedragany ustrój.

Everything drips

Don't come to my dreams, don't. In one dream
drown for good and don't show up in any other.
You mess around in my chaos. So that I must
on waking up swear silently to
drive you away. Into my past
strangers have moved, I don't even know who.
They lie next to you on the sofa, skilfully,
honestly, they push me outside so that
at present it's not my past. Today a thaw.
And everything drips. Everything drips.
It brings destruction to all solid forms.
Wakes from winter the quivering system.

Zimny papieros

Znowu włożyłem ciemne okulary
– widzę teraz jaskrawo: świat zestarzał się,
jaskrawy jest, złamane barwy
podpełzają do oczu, negatywy płoną,
jaskrawo płoną.

Śnieg stopniał i odsłonił wszystko:
serce miasta, żołądek miasta,
jaskrawosine, pracujące wiecznie
narządy oraz ludzi wędrujących
tam i z powrotem.

Znowu włożyłem ciemne okulary
i zapaliłem na uspokojenie
zimnego papierosa. Jeszcze chwilę, jeszcze
nie teraz. W oddali słychać powolne skrzypienie
piór i namolne mamrotanie. Oto

analfabeci piszą Konstytucję dla mnie.

Cold cigarette

Again I've put on the dark glasses.
I can see now
glaringly: the world is old,
gaudy, its broken colours
are creeping to my eyes. Negatives
burn, burn glaringly.

The snow has melted and
revealed it all:
the heart and stomach of the town,
gaudy livid, eternally labouring
organs, and people
wandering back and forth.

Again I've put on the dark glasses
and lit a cold cigarette
to calm me. Not this instant, not
just now. Far off the sluggish creak
of pens and the nagging mutter:

the illiterate are writing a Constitution for me.

Celebracja wyjazdu

Nawet w zamkniętym pomieszczeniu niebo jest ogromne
i nigdy nie maleje – i nigdy nie stygnie,
tak więc z krzesła oglądam niebo i nie myślę,
nie wypominam niebu wszystkich jego obelg.

Trzymam nogi wysoko – ziemi nie dotykam,
mógłbym nawet zapomnieć, że mnie nogi krzesła
i tak złączyły z ziemią – nie można mi wierzyć,
kiedy powtarzam: dobrze, że wyjeżdżam . . .

Najbardziej żal mi jest przedmiotów,
które podarowałem, które pożyczyłem
dawno umarłym, dawno obojętnym.

Na papierze wyraźnie napisano: WOLNY,
ostrożnie bez radości wychodzę w powietrze
dnia, w którym skamienieje moja wyobraźnia.

Celebrating a departure

Even in a closed room the sky is enormous
and never diminishes—it never cools down,
so from my chair I watch the sky and don't think,
don't reproach the sky for all its insults.

I keep my legs high up—I don't touch the ground,
I could even forget that the legs of the chair
have linked me to the ground. I can't be believed
when I repeat: it's good to be leaving . . .

What I regret most is the objects
I have given out, lent to
the ones long-dead, long-indifferent.

On the paper it is clearly written: FREE.
Cautiously, without joy, I go out into the air
of the day when my imagination will petrify.

Kierowca nocnej ciężarówki

Kierowca nocnej ciężarówki
na kierownicy ma litery
gorącej prośby: BOŻE PROWADŹ STASIA!
Cała kabina jest małą kapliczką.

Wysiadam w szczerym polu czarnych ulic
maleńkiego miasteczka i mylę kierunki,
klnę bezgłośnie. A chodnik jest ruchomą krą.

Night truck driver

Driver of this night truck
has an earnest plea
on his steering wheel: GOD, GUIDE STAŚ!
His whole cabin is a small shrine.
I get off in the wilderness of the black streets
of a tiny town and lose my way.
I curse silently. The sidewalk is a drifting floe.

Pierwszy śnieg

Za ścianą ogród a takie odgłosy
jakby miał być tam jeszcze jeden pokój
myszy poczuły i wyprowadziły
swoje oddziały z tego domu

Biały pies tłusty biały anioł
wczoraj ciebie zwiastował odgoniłem go
zmiotłem okruchy słuczonego lustra
przemyłem oczy napaliłem w piecu

Wchodzą wychodzą przyglądają się
ja się uśmiecham chociaż mógłbym zabić
gdy zajrzałaś przez okno i dałaś znak brwiami
postanowiłem na złość nie wychodzić

Bronię się i zostaję wymyślając ciepło
twoje sanie w zadymce nie zaznam Królestwa
trzymam się mocno stołu nie zaznam Królestwa
trzymam się mocno stołu źrenice mam białe

First snow

Behind the wall a garden but the sounds
suggest the presence of another room
mice smelled it and led
their squads out of the house

White dog a fat white angel
announced you yesterday I made him go
swept the bits of the broken mirror
cleansed my eyes lit the fire

They come inside go out stare
I am all smiles though I want to kill
when you looked in and signalled with your brows
I decided for spite not to leave

I defend myself and remain inventing warmth
your sleigh in the snowstorm I won't know the Kingdom
I hold tight to the table I won't know the Kingdom
I hold tight to the table my pupils are white

Wróciłem – nie mam czego szukać

Psy się kochają na trawniku. Przez piętnaście minut
udawałem tenora, aż zabrakło naraz
głosu tenora w radiu i ostatni ruch
moich warg był jak rybi i wypchnąłem tylko
obłoczek ciszy. W ręku gniotę kartkę:
JEŚLI POCZUJESZ SIĘ ŚMIERTELNY – ZADZWOŃ.

I'm back—nothing to look for

Dogs are making love on the lawn. For fifteen minutes
I've been imitating a tenor till suddenly
the tenor's voice on the radio is gone and the last movement
of my lips is fishlike, and I've pushed out only
a small puff of silence. In my hand a crumpled note:
IF YOU FEEL MORTAL—PHONE.

Pobojowisko

Leży przy moim boku. Udaje, że śpi.
Czy coś ładnego zostanie z tych zniszczeń?
Już zabiliśmy wszystko. Jasne ćmy
szyb dotykają z obu stron. Jest pokój.
Tymczasem cicho.

Sto razy zaznaczała, że mnie nie chce.
Wypróbowałem jednak wszystkie
męskie sposoby. Jest. Jest
przy moim boku na cudzym tapczanie.
Przegrała. Zwyciężyła. Zwyciężyłem. Przegrałem.

Leży. Ubrany – usiadłem daleko.
Patrzę i palę papierosa. Patrzę.
Przewrócone, stłuczone dwie szklanki z herbatą.
Popielniczka, a w niej dwa długie niedopałki.
Kiedy otworzy oczy – ja otworzę ogień.

Shambles

She's lying beside me. Pretending sleep.
Will anything good survive this destruction?
We've already killed everything. Bright moths
touch the window panes on both sides. Peace.
So far silence.

A hundred times she stressed she didn't want me.
I tried, however, every single
male trick. She's here. She is
beside me on somebody else's bed.
She's lost. Won. I've won. Lost.

She's lying. Dressed—I sit apart.
I'm looking and smoking. Looking.
Two fallen, broken glasses with tea.
An ashtray with two long cigarette butts.
When she opens her eyes—I will open fire.

Świat

Na początku jest moja głowa w moich rękach.
Następnie z tego miejsca rozchodzą się koła.
Koło stół kwadratowy. Koło pokój. Koło
kamienica. Koło ulica. Koło miasto. Koło
kraj. I kontynent opasany kołem.
Koło półkula. Koło. Koło wszystko.
Na samym końcu jest maleńka kropla.

The world

In the beginning is a head in my hands.
Then from this spot circles are rippling out.
A circle the square table. A circle the room. A circle
the tenement house. A circle the street. A circle the town. A circle
the country. And the continent girded with a circle.
A circle the hemisphere. A circle. A circle all.
At the very end a droplet.

Jonasz

Młoda zima, bezśnieżnie. Och, dzisiejszy wieczór
uczynił z tej ulicy wnętrze wieloryba.
Byłbym nie zauważył, lecz w sklepie warzywnym
sprzedawano fragmenty podmorskich zarośli
– i neony w tej chwili zaczęły wysyłać
mgłę i wilgoć. Kałuże pełne tranu i krwi.
Przy krawężniku znalazłem muszelkę
i poczułem, że jestem
trawiony.

Jonah

Young winter, no snow. Oh, today's evening
turned this street into the inside of a whale.
I wouldn't have noticed, but at the greengrocer's
they were selling fragments of undersea scrub
—and the neon lights at that very moment started to emit
fog and wetness. Puddles full of whale oil and blood.
Along the curb I found a small shell
and felt I was
digested.

Sobota, impuls

Przy stole, z papierosem.
Przyśniło się złe.
Rozbierz się i wróć – mówi obudzona.
Otwórz okno.
Poprzez otwarte okno do pokoju wchodzi
świt siny palec. Wracam, przytulamy się.
Złe się śni.

Saturday, an impulse

At the table, with a cigarette.
Evil has come to my dream.
Undress and get back to bed, she says, awake.
Open the window.
Through the open window enters dawn,
a livid finger. I get back to bed, we embrace.
Evil in my dream.

* * *

W listach zimno i czarno. Uświadamiam sobie:
jedynie pośredniczę. Żalą się do Boga.
Stoję na wielkim wietrze, wiatr przewiewa przeze mnie.
Moja wina.

* * *

It's cold and black in my letters. Now I know:
I'm merely a go-between.
       They complain to God.
I'm standing in mighty wind, the wind
is blowing right through me.
Through my fault.

Przed wyborami

dla Marcina Sendeckiego

Dzisiaj kupiłem dwa pory na kolację,
niosłem je za plecami, trzymając jak kwiaty.
Lato się gryzie z jesienią. Forma ocalała
i wychodzi z podziemia. Wszystko się układa
w jeden, wyraźny, doskonały kształt:

ogród koncentracyjny.

Before the elections

for Marcin Sendecki

Today I bought two leeks for supper;
I carried them behind my back, like flowers.
Summer clashes with autumn. Form has survived,
it breaks its cover. Everything settles
into one clear and perfect design:

a concentration garden.

Listopad, niemal koniec świata

Listopad, niemal koniec świata, kilka minut przed zmierzchem.
Schroniłem się w kawiarni, siadłem tyłem do światła.
Wolne? Zajęte! – odpowiadam, rzucam kurtkę na to drugie krzesło.

Och, gotów jestem już wyjść z tego miasta, ręce wytrzeć o
liście, cały ten kurz, tłuszcz miasta
wytrzeć o liście, wyjdź ze mną, zobaczysz.

Znudzimy się i pozabijamy po tygodniu, ale pomyśl o tych
łunach, które pozostawimy za sobą, o tych wszystkich miejscach
i kobietach, mężczyznach; pomyśl – z jaką ulgą

będziemy krzyczeć w hotelowym pokoju, na najwyższym piętrze,
a nasze krzyki dotrą na pewno aż na
portiernię. Wolne? Już, już za chwilę będzie wolne – odpowiadam. Zmierzch.

November, almost the end of the world

November, almost the end of the world, a few minutes before dusk.
I found shelter in a cafe, sat down with my back to the light.
Free? Taken! I answer, and throw my jacket onto the other chair.

I'm so ready to walk out of this town, to rub my hands clean
on leaves, all of that dust, the town's grease—
to rub it clean on leaves. Walk out with me, you'll see.

Soon we'll get bored, kill each other in a week, yet think
of the blaze we'll leave behind, of all those places,
and women, and men; think—with what relief

we'll shout in our hotel room, on the top floor,
and our shouts will certainly reach
the reception. Free? Yes, in a minute it'll be free, I answer. Dusk.

Obudzona

Szmer komara otworzył jej oczy.
Zobaczyła, że krąży nad nią, nie nade mną.
Uspokojona zasnęła.

Awoken

The murmur of a gnat opened her eyes.
She saw it wheel above her, not above me.
Reassured, she returned to sleep.

Korespondencja pośmiertna

Otóż: w jakiś tam sposób nie byłem ci wierny,
istniał świat. A to rozprasza. Ja budziłem się
i żyłem, dotykałem, jadłem, rozmawiałem,
piłem wino i grałem w ludzkie gry, jeździłem
koleją i pozowałem do zdjęć, rozproszyłem się,
wybacz.

Otóż: w jakiś tam sposób nie byłam ci wierna,
byłam zajęta w innych miejscach, w innych
ludziach, prócz ciebie miałam pory roku,
zwierzęta, drzewa, wojny, dzieci, wielką przestrzeń
do ogarnięcia. Dopiero teraz zostanę przy tobie,
wybacz.

I teraz będzie wszystko? Nie będzie niczego.
Kapelusze i dachy, korony drzew, wieże,
drogi i tory kolejowe, rzeki – stąd widziane,
rozpłyną ci się zaraz. Pozwoliłam sobie
zrobić dopisek na twojej kartce pocztowej,
wybacz.

Posthumous correspondence

Man:
So: in some ways I wasn't faithful,
there was the world. Which distracts. I woke
and lived, touched, ate and talked,
drank wine, played human games, travelled
by train and posed for photos. I've dispersed,
forgive me.

Death:
So: in some ways I wasn't faithful,
I was busy in other places, in other
people, besides you I had seasons,
animals, trees, wars, children, enormous space
to embrace. Only now can I stay with you,
forgive me.

Man: And now will there be all?

Death: There will be nothing now.
Hats and roofs, tree crowns, towers,
roads and train tracks, rivers—seen from here
they'll dissolve right away. I've taken the liberty
of writing a postscript to your postcard,
forgive me.

M – czarny poniedziałek

Moment, kiedy się zapalają jednocześnie wszystkie
lampy uliczne w mieście. Moment, kiedy mówisz
to niepojęte „nie" i nagle nie wiem, co z tym robić
dalej: umrzeć? wyjechać? nie zareagować?
Moment w słońcu, kiedy cię obserwuję z okna autobusu,
masz inną twarz niż w chwilach, kiedy wiesz, że patrzę
– a teraz mnie nie widzisz, patrzysz w nic, w błyszczącą
szybę, za którą niby jestem. Już nie ja, nie ze mną,
nie w ten sposób, nie tutaj. Może się wydarzyć
wszystko, bo wszystko się wydarza. Wszystko określają
trzy podstawowe pozycje: mężczyzna na kobiecie,
kobieta na mężczyźnie albo to, co teraz
– kobieta i mężczyzna przedzieleni światłem.

M—Black Monday

The moment when all the town's streetlamps light up
simultaneously. The moment when you say
your incredible "no," and suddenly I don't know what
to do next: die? go away? not respond?
The moment in the sunshine when I watch you from the bus,
your face different from when you know I'm looking
—and now you can't see me, you're looking into nothing, into the glassy
sheen in front of me. Not me anymore, not with me,
not in this way, not here. Anything can
happen, since everything happens. Everything is defined
by three basic positions: man on top of woman,
woman on top of man, or the one right now
—woman and man divided by light.

Pierwsze kopnięcie

Oczywiście: sentymentalnych wynurzeń nie będzie.
Za oknem Bestia, tramwaje jak czołgi.
W twoim brzuchu pod moją ręką poruszyło się.

(23 VI 92)

First kick

Naturally: there'll be no sentimental confessions.
Behind the window, the Beast; trams like tanks.
In your belly under my hand it has moved.

(23 June '92)

Piosenka obudzonego

Krew na księżycu!
Otworzyłem oko
i oko mi doniosło
do mózgu ten obraz:
krew na księżycu!

Krew na księżycu.
Zimny kwiecień. Pełnia.
Za głośno krzyczysz – powiedziałem do krwi
– zbudzisz małego.

Zbudził się.
Zaczął płakać. W kuchni suka
zaczęła szczekać. Wetknąłem mu smoczek
w dwuzębną buzię. Zasnął. Wróciłem do ciebie.
Krew na księżycu – oświadczyłem, a ty
przez sen się wtuliłaś we mnie
i.

Song of the awoken

Blood on the moon!
I opened one eye,
one eye imparted this
image to my brain:
blood on the moon!

Blood on the moon.
Cold April. Full moon.
"You shout too loud," I said to the blood,
"you'll wake the kid."

He woke with a start.
Started crying. In the kitchen the bitch
started barking. I stuck a dummy in his
two-teethed mouth. He fell asleep.
I returned to you.
"Blood on the moon," I declared, you
in your sleep snuggled into me
and.

Piosenka chorego

Cały karnawał przespałem i przemajaczyłem.
Nie mogłem znieść tych bębnów, piszczałek i palenia kukieł.
Dziś skończył się karnawał, zaczął się
postmodernizm.
Bawię się radiem. To archetypowe
przebieganie po skali można by prowadzić
w nieskończoność. Ja mam
w sobie niedużo Boga, pielęgnuję

ten strzęp,
skrzep.

Song of the ill

I slept through all the carnival, delirious.
I couldn't bear the drums, pipes, burning puppets.
Today the carnival is over,
postmodernism begins.
I fiddle with the radio. This archetypal
scan of the wavelength can be performed
endlessly. Inside me
I have a little God, I tend to

this scrap,
scab.

McDonald's

Znajduję ślad twoich zębów w obcym mieście.
Znajduję ślad twoich zębów na swoim ramieniu.
Znajduję ślad twoich zębów w lustrze.
Czasami jestem hamburgerem.

Czasami jestem hamburgerem.
Sterczy ze mnie sałata i musztarda cieknie.
Czasami jestem podobny śmiertelnie
do wszystkich innych hamburgerów.

Pierwsza warstwa: skóra.
Druga warstwa: krew.
Trzecia warstwa: kości.
Czwarta warstwa: dusza.

A ślad
twoich zębów
jest najgłębiej,
najgłębiej.

McDonald's

I find marks of your teeth in a strange city.
I find marks of your teeth on my arm.
I find marks of your teeth in a mirror.
Sometimes I'm a hamburger.

Sometimes I'm a hamburger.
Lettuce sticks out of me, mustard drips.
Sometimes I am dead like
all the other hamburgers.

First layer: skin.
Second layer: blood.
Third layer: bones.
Fourth layer: soul.

And the marks
of your teeth
are the deepest,
most deeply.

Co to?

Co to? To auto. Auto.
Jedzie – stwierdza – i „jedzie"
brzmi w jego ustach jak jakaś
niesłychana pochwała
świata, wszystkiego. Jedzie.
Drrr – stwierdza z satysfakcją.
Mniej go obchodzą ludzie.
Chyba że dzieci. Co to?
Auto. Podrapał się
nad górną wargą. Wygląda
jak prawdziwy chuligan.
On już śpi. A my,
po odsiedzeniu w kuchni
odpowiedniego czasu, wracamy
do pokoju. Przypominam sobie
o nożu pozostawionym
na samym brzegu kuchennego stołu.

What's that?

What's that? That's a car. Car.
It goes, he says, and "goes"
sounds in his mouth like
unparalleled praise
of the world, of everything. Goes.
Brrummm, he says satisfied.
He's less interested in people.
Unless they're children. What's that?
Car. He has a scratch
above his upper lip. Looks
like a real hoodlum.
He's already asleep. And we,
after sitting in the kitchen
long enough, return
to the room. I remember
a knife on the very edge
of the kitchen table.

Wojna, znowu

Wykrakałem: zjawiły
się stada ptasie, obce,
obsiadły okolicę, ułożyły sobą
niekonsekwentny, pulsujący wzór.

To pierwsza fala wojny,
domyślam się skrzydeł
z nadpalonymi piórami, moje ręce zapach
mają płonących piór i

jeszcze nie druga fala
mnie pochłonie, ale
przy trzeciej fali będzie już krew, a
czwarta fala, piąta fala, a

War, again

I've croaked out: there appeared
flocks of birds, unfamiliar,
occupied the neighbourhood, settled
as an inconsistent pulsating design.

That's the first wave of the war,
I suspect the wings
with scorched feathers, my hands smell
of burning feathers and

it won't be the second wave
that will engulf me but
the third wave will bring blood, and
the fourth wave, the fifth wave, and

Oblężenie

Nie opuścimy tej kawiarni!
Na znak wierności przykładamy usta
do wielokrotnie odciśniętych śladów
szminki na filiżankach.

Jeśli ojczyzna nie przyszła tu z nami
– musimy nazwać ojczyzną to miejsce,
a to, co z zewnątrz nas oblega, jest
także naszą ojczyzną, dopiero teraz chce nas.

The siege

We will not leave this cafe!
As a sign of fidelity we put our lips
against the multiple imprints
of lipstick on the cups.

If our fatherland has not come here with us
—we have to call this place a fatherland,
and what's besieging us from outside is
also our fatherland, only now it wants us.

Postępy

w cieniu i w ciemnych okularach, oczy
są otwarte na oślep, ja kabłąk i embrion,
pierwsza ostatnia litera, na kacu,
w suszy, na mchu pełnym ostrych
roślinnych drobin, w poprzek trasy mrówek,
niedaleko lotniska helikopterowych
ważek, na kacu i w suszy, gdy las
schyla się zgodnie z wiatrem, prosta prawidłowość,
ja nie zmieniam pozycji, ani drgnę, las trzeszczy,

w cieniu, co się zaciska, zmniejsza, zawęża i pętli,
w zapachu mułu, wśród mulistych muszli
porzuconych na ścieżce, która wiedzie pewnie
do ludzi, ludzie są tu również
niedaleko, brązowy nagi chłopczyk
oraz jasna, dopiero przez słońce lizana
kobieta, moja i mój, oni rozmawiają,
słyszę, że rozmawiają i nie słyszę o czym,
nie patrzę na nich, patrzę w słońce, w cieniu,

Advance

in the shade and in the dark glasses, my eyes
are wide open blindly, me a gnarl and an embryo,
the first last letter, with a hang-over,
in the drought, on the moss full of sharp
bits of plants, across the route of the ants,
not far from the heliport of the helicopter
dragonflies, with a hang-over, in the drought, when the trees
bend in accord with the wind, regular regularity,
I do not change my position, not a stir, the trees creak

in the shade, it tightens up, shrinks, narrows down and loops
in the smell of the slime, among slimy shells
abandoned on the path which must lead
to people, people are here too,
nearby a naked brown little boy
with a pale woman barely licked by sun,
one mine, the other also mine, they're talking,
I can hear them talk and I can't hear what about,
I don't look at them, I look into the sun, in the shade

nie rzucam cienia, jestem w cieniu, jestem
cieniem, na kacu, na mchu, embrion, kabłąk, ja,
zredukowany i redukujący

coraz bardziej, na kacu, na mchu, na kłującym
leśnym poszyciu, w którymś z absurdalnie
czarnych, to coś ma znaczyć, podkoszulków, bolę i uwieram,

a miałem nie.

I don't cast a shadow, I am in the shade, I am
a shadow, with a hangover, on the moss, embryo, gnarl, me,
reduced and reducing

more and more, with a hangover, on the moss, on the prickly
brushwood, in one of the absurdly
black, this must mean something, t-shirts, I hurt and I ache

but I wasn't meant to.

1 kwietnia, Wągrowiec, Polska

Obudzony. Od razu wplątany
w sprawy jeziora. Kilka godzin przed
świtem. Prawdopodobnie. A jezioro już
żyje, oddycha, wysyła łabędzie,
żeby go sobie obejrzały: cień
w ciemnościach szukający drogi
na ludzki dworzec. Zbudzony. Zgubiony.
Z ciemnej ziemi startują pierwociny traw.
Po omacku. I po co? Bez siebie, bez czasu.
Czas tak bardzo przestrzenny się okazał, że aż
jest niewidzialny. Zgubiony w ciemnościach.
Obudzony. I po co? A gdyby wciąż nosił
zegarek, który dostał na Komunię Świętą,
gdyby się w odpowiednim czasie wpisał do harcerstwa
i miał kompas, i umiał należycie się
posługiwać kompasem

             – nie byłoby go tu.

April 1, Wągrowiec, Poland

Awoken. At once entangled
in the business of the lake. A few hours before
dawn. Most probably. And the lake already
lives, breathes, sends off the swans
to eye him: a shadow
in the darkness seeking the path
to the human terminal. Awake. At a loss.
First shoots of grass take off from the dark soil.
Blindly. What for? Without himself, without time.
Time has grown so spacious that it is
invisible. Lost in the darkness.
Awoken. What for? If only he still had
the watch he got for his First Communion,
if, at a suitable moment, he'd joined the scouts
and had a compass, if he knew how to rightly
use the compass

                    —he wouldn't be here.

Czarny lipiec

Teraz uczę się szyfrów. Wtorek, środa, czwartek,
piątek. Fragment soboty. To stan
na dzień dzisiejszy. Ciemny poniedziałek.
Ptaki zaczęły urzędować. Język urzędowy
dobiegający z pierzchającej nocy.

Ogolić się, by był
jakiś porządek. Nie pić.
Zaschnąć. Spróbować zasnąć.
Ogolony zasypia i wyłącza światło.
A tu dzień. Cienie umykają.

Ogolony i skaleczony w ucho.
Zasypiający w pełni
światła, po list w sen
udaje się.

Black July

Now I'm learning the secret codes. Tuesday, Wednesday, Thursday,
Friday. Fragment of Saturday. That's the state
of the present day. Dark Monday.
Birds have started their office hours. Official language
audible in the fleeting night.

To shave to keep
some kind of order. Not to drink.
To dry off. Try to doze off.
Shaved, he's dozing and switches the light off.
Day is here. Shadows scurry.

Shaved and cut in his ear.
Dozing off into the broad
daylight, for the letter into the dream
he sets off.

Sześć razy Coltrane

Do kogo mówię? Bo mówię – i przecież
mówię po polsku – – – – –. Zaraz słońce padnie
za krawędź. Zaraz zimnym palcem
jazda po gardle. Zaraz zimnym miastem
jazda. Do Nikąd. W Nikąd zamieszkawszy
nigdy nie będę w Indziej. I do kogo mówię?
– po polsku, w marginesach
światła. Anioł
znienacka mówi: – Teraz chcę się dla pana rozebrać.
(Do kogo mówi?)

Six times Coltrane

To whom do I speak? Since I speak—and I do
speak in Polish – – – – –. Soon the sun will fall
beyond the edge. Soon a cold finger
will run across the throat. Soon, across a cold city,
the run. To Nowhere. Settled in Nowhere,
never will I be in Elsewhere. And to whom do I speak?
—in Polish, in the margins
of the light. An angel
unexpectedly speaks: "Now I want to strip for you, Mister."
(To whom does he speak?)

Pięć wierszy religijnych

1

Maciek Świetlicki mówi:
Ja wiem, to jest ten pan,
którego ojciec zabił.

Cały Nowy Testament
w jednym zdaniu.
Co dalej?

2

Maciek Świetlicki wie również o piekle.
Ktoś mu musiał nagadać.
Pójdę do piekła, tatusiu.

Nie pójdziesz. Jestem niegrzeczny.
Wiem, że pójdę. Nie pójdziesz. Na pewno.
A pamiętasz, jak cię kopnąłem? Pamiętasz?

3

Boże Ciało, pół Rynku lub trzy czwarte Rynku
oblepione wiernymi. Czemuś jestem wierny,
więc czuję się u siebie.

Five religious poems

1

Maciek Świetlicki says:
"I know, this is the man
who was killed by his father."

The whole New Testament
in one sentence.
What next?

2

Maciek Świetlicki knows also about hell.
Somebody must have told him.
"I'll go to hell, Daddy."

"No, you won't." "I'm naughty.
I know I will." "You won't go to hell. For sure."
"And remember how I kicked you? Do you?"

3

Corpus Christi, half the Market Square or three-quarters
packed with believers. Why, I believe in something,
so I feel here at home.

4

Jeśli to prawda,
że mówi przeze mnie szatan
– Bóg się zlituje
i wyrwie mi język.

5

Odstąpią wody.
Odsłonią wzgórze łotrów
zawieszonych głowami w dół.

Odsłonią niebo
pełne szarych roślin.

4

If it's true
that Satan speaks through me
—God will have mercy
and tear out my tongue.

5

Waters will recede.
Uncover the mount of the thieves
hung head down.

Uncover the sky
full of gray plants.

Około

Klucz do skrzynki na listy istnieje wyłącznie
w przeszłości. W szczelinie biel widnieje, zima jest, lecz nie śnieg
to, a oczko śmierci. Nie światło to, lecz
galopujące Teraz.

Around

The key to the mailbox exists exclusively
in the past. In the slit whiteness looms, winter, not
the snow but the eye of death. Not the light but
the galloping Now.

Domówienie

A ona jeszcze nie wie, że piszę o śmierci.
Ona się jeszcze łudzi, że piszę tu o niej
albo innych kobietach. Jeżeli poczuje
zapach innej kobiety – zrobi awanturę,
ale zrozumie. Nie zrozumie śmierci,
bo ona jeszcze śmierci nie rozumie.

Bo ona jeszcze nie dowierza, że śmierć
mi dyktuje. Woli pomyśleć: lenistwo.
Zgubiłem pióro. Urząd Podatkowy.
Kara za brak biletu. Nie spłacona rata.
Potrzeba samotności. Alkohol. Wycieczki
do wanny. Wszystko to – to znaki.

Czy ona się nie dowie, że piszę o śmierci?
Czy ona się nie dowie, że jeśli zastygam
– to uczę się? Bo nie być jest trudniejsze niż
nie mieć. Czy nie wie, że jeśli się śmieję
– śmieję się przeciw? W poprzednich wydaniach
nazywałem ją ona, a teraz już nie chcę.

Disambiguating

And she still doesn't know that I write about death.
She still deludes herself that here I write about her
or about other women. If she detects
the smell of another woman, she'll make a scene,
but she'll understand. She won't understand death,
because she doesn't know death yet.

Because she still can't believe that death
dictates to me. She prefers to think it's laziness.
I've lost my pen. Tax Office.
Fine for fare dodging. Unpaid instalment.
Need for loneliness. Alcohol. Trips
to the bathtub. All of these, these are the signs.

Won't she find out that I write about death?
Won't she find out that when I'm transfixed,
I learn? Because not to be is harder than
not to have. Doesn't she know that when I laugh,
I laugh against? In the previous editions
I called her a she. I no longer want to.

Golenie

Od wielu dni grzeszyłem, dziś pora niezdarnych
prób odkupienia, wykupywania
duszy i ciała wprost z przepaści. Siadam
przed lustrem, pianę kładę na twarz.

Ręce drżą. Przytrzymałem ręką drżącą rękę
i – nie drżyj – powiedziałem. Potem wykonałem
wszystko odwrotnie. Przez żaluzje wszedł cień.

Zdzieram maszynką starość i śmierć z twarzy,
na chwilę, na pół doby najwyżej. To jeszcze
się okaże. Jeszcze się okaże.

Shaving

I've been sinning for many days, today it's time
for awkward attempts to redeem, to ransom
my body and soul straight from the abyss. I sit
before the mirror, spread foam on my face.

My hands shake. I steady one with the other shaking hand
and—don't shake—I say. Then I repeat
everything in reverse. Through the blinds enters shadow.

I scrape old age and death off my face,
for a moment, at most half a day. It is yet
to be seen. Yet to be seen.

Zmywanie

Dziecko jest nieobecne.
Nieobecna kobieta.
I mnie nie było.

Skąd wobec tego
te brudne naczynia?
Kto jadł z naszych miseczek?

To nie był szatan.
Szatani się żywią
czym innym przecież.

Tu być musiało
coś drastyczniejszego.
Jest jeszcze wśród zastygłych resztek.

Washing up

The child is not here.
Neither is the woman.
I've been away too.

Why then these
dirty dishes? Who's
been eating our porridge?

It hasn't been a satan.
Satans live on
entirely different food.

Something more drastic
must have been here.
It is still in the cold leftovers.

Księżyc

Stosowna noc, należałoby ją uczynić ważną
dla prywatnej historii, do której dopuszczam
obcych ludzi, należałoby, ale lepiej zasnąć
i nie mieć snów. To okres szczególnej żałoby,
po nikim, niczym. Lepiej przespać to.

I kiedy śpię. I kiedy kamień o mnie śni.
I kiedy w śnie kamienia śpię jak kamień. Kiedy
kamienny księżyc ciężko patrzy na mnie,
to piszę właśnie. Projektuję sny,
poprzez sny kłamię.

Moon

Suitable night. It should matter
to a private story where I let strangers
in; it should but better still to sleep
and not to dream. A time of special mourning
for nobody, and nothing. Better to sleep it through.

And while I sleep. And while the stone dreams of me.
While in the dream of the stone I'm sound asleep. While
the stone moon looks at me heavily,
I write this. I project dreams,
through dreams I lie.

Po nocy

Tej nocy niebo miało się rozświetlić
resztką ogona umarłej komety.
Ale mgła była, nic nie było widać.
Noc rozświetlały mdłe supermarketu
światła. I tyle. Coś wszystko ostatnio
tak się rozmywa. Koniec świata przyjdzie,
westchnie i wyjdzie.

After night

This night the sky was supposed to brighten
with the remnants of a dead comet's tail.
But it was foggy, nothing could be seen.
The night was brightened by faint supermarket
lights. That's all. Recently everything has been
thinning so. The end of the world will come,
give a sigh, and go.

Marcin

Marcin jest zły i nieporadny w tym źle.
Marcin ma grzech, z którego się nie wydobędzie.
Marcin nie poznał żadnej sztuczki. Nie nauczył się
starać o siebie. Stara się o wiersze,
żeby mu nie wymarzły. Poświęca się dla nich.
Dba o to nieformalne, nieforemne państwo.
Dla niego kłamie.

Marcin

Marcin is evil and awkward in this evil.
Marcin has a sin which he cannot leave.
Marcin has not learnt any useful trick. Not
learnt to care for himself. He cares for poems
so they do not freeze. Makes sacrifices for them.
Attends to their informal, ill-formed state.
For it he lies.

Aha

Aha, gotuję z miłości, sieję popiół
wszędzie dokoła, gotuję niezdarnie,
ten, który śpiewa, jest tym, który kocha
i to, że smutno śpiewa, wcale nie jest ważne,
ten, który śpiewa, ciągle zmartwychwstaje.

Aha

Aha, I'm cooking from love, sowing ash
everywhere around, cooking awkwardly,
he who is singing is the one who loves,
though his songs are sad, it doesn't count,
he who is singing always resurrects.

3 lipca, gdzie indziej, w kosmosie

Idzie przede mną po schodach.
Jej nogi lśnią od deszczu.
Wyszliśmy z burz i gradobić.

To jest specjalne światło.
To są sekundy specjalne,
abym miał za czym tęsknić.

Prowadzi do swojego
mieszkania, tam się skryję
na chwilę, potem wrócę

w te nawałnice. Lecz teraz
idę za nią po schodach.
Jej nogi lśnią.

3 July, somewhere else, in space

She's walking before me up the stairs.
Her legs shine with rain.
We came out of hailstorms and squalls.

This is a special light.
These are seconds so special
for me to long for something.

She's leading the way to her
flat, where I will hide
for a while and then return

into the tempests. For now
I'm walking behind her up the stairs.
Her legs shine.

5 lipca

Upał nie chce, abyśmy wychodzili z mieszkania.
Upał ma swoich ludzi u siebie na zewnątrz.
Karmi ich sobą łaskawie i poi ich sobą.
Wszystkich opornych karze i boleśnie rani.

A my, uchodźcy, chodzimy po wnętrzach
i przeciw upałowi zawzięcie kochamy.

5 July

Heat doesn't want us to leave this flat.
Heat is entertaining its people outside.
Graciously offering itself to eat and drink.
Punishing and wounding those who resist.

But we the refugees are walking in the interiors
and against the heat ruthlessly making love.

21 lipca

Poranna, jednoosobowa kawa.
Poranne, jednoosobowe scrabble.
Wygrałem i przegrałem. Szereg przypadkowych
wyrazów się ułożył w tajny plan na dziś.

Dziś się wydarzy. Oby nie złe. Oby
nie ostateczne. Liter przypadkowy
ciąg mi niejasno wieszczy. Oby obce miasto
dziś się kochało ze mną i było lojalne.

21 July

Morning one-person coffee.
Morning one-person scrabble.
I've won and I've lost. A row of accidental
words has spelt a secret plan for today.

Today will happen. May it be not evil. May
it be not final. The letters in the accidental
sequence make a dim prophecy. May this strange
city make love to me today and remain loyal.

Złe języki

A może o nas mówią nocami w swoim nikomu nieznanym
języku polskim, mówią o nas ze wstrętem, mówią i się krzywią?

A może, kiedy my bezczelnie ich język co dzień zużywamy,
to oni przez to właśnie tak nas nienawidzą?

A może zacząć mówić wyłącznie gestami?
Może język ma krwawić?

Evil tongues

And maybe at night they speak of us in their known to no one
Polish tongue, speak with disgust, speak and smirk?

And maybe while with impudence every day we use up their tongue,
for this reason they hate us so much?

And maybe we should only speak in gestures?
Maybe the tongue should bleed?

Pięć wierszy, Ojciec

3 marca

ojciec narąbał drewna na wiele zim, ale
zim będzie więcej i więcej,
a dzisiaj jeszcze palę
ojca drewnem

4 marca

wieszam na bramie żałobną biało-czarną kartkę,
młotkiem wbijam pinezki,
nierówno, chyba nierówno,
jak zawsze nieidealnie

5 marca

żadnych widm, żadnych straszeń,
pusto, te miejsca świecą
łagodnie, mamy płakanie,
dużo roboty

Five poems: Father

3 March

father chopped enough wood for countless winters but
there will be more and more winters
and today I'm still burning
father's wood

4 March

I'm hanging on the gate a mournful black-and-white page,
hammering in the nails,
uneven, perhaps uneven,
as always not ideal

5 March

no apparitions, no haunting,
empty, these places shine
gently, mother's crying,
lots to do

6 marca

nie otworzyli, to lepiej,
lepsza jest żywa pamięć,
dla jego bolesnej męki
wytrzymuję te mantry

7 marca

a jak się stuknie w google maps
w moje miasteczko i moją ulicę,
w mój dom rodzinny, ojciec nadal
tam siedzi na balkonie, patrzy

6 March

they didn't open, that's better,
better a live memory,
for his painful agony
I endure this mantra

7 March

and when you click on google maps
my town, my street,
my family home, father is still
sitting on the balcony, looking

Dwa słowa

Na początku były dwa słowa. Po jakimś czasie pojawiło się jedno słowo. Strach pomyśleć, co będzie dalej.

Two words

In the beginning were two words. After some time appeared one word. It's scary to think what might happen later.

Trzy

I wskazał trzy barmanki. I powiedział: „Wiara. Nadzieja. Miłość". Już dawno tam nie robią. Dziś już nie wiadomo dokładnie, co o której było.

Three

And he pointed at the three barmaids: "Faith. Hope. Love." They have long stopped working here. Today no one really knows what was said about which.

24 grudnia 2015

Wśród nocnej ciszy jest jedno okno, w którym światło nigdy nie gaśnie. Ubierają choinkę. To w jaki sposób układają się ich wargi, to nie jest uśmiech. Choć bardzo chcą, by był. Patrzą na nas jak na jeszcze żywe karpie.

24 December 2015

In midnight's silence one window where the light never dies. They're decorating a Christmas tree. Their lips are composed but not in a smile. Though they wish it to be. They're looking at us as if we were carps still alive.

Zarost

I w kończącym ten rok porywie, genialność, chwila szczególna, celebra,
febra, błysk. I szybko do łazienki, zdrapać to siwe, udawać młodszego.
Przed kim? Jest świeża ranka. Filuternie jaskrawa krew.

Stubble

And to conclude this year, a moment of true genius, feat of brilliance, celebration, fever, flash. Quick to the bathroom to scrape away this gray, to pretend a younger self. Before whom? A tiny fresh wound. Cheerfully bright blood.

Pierwszy wiersz

Robię to na strychu, blisko nieba. Na dole szron. Plastikowe żołnierzyki wznoszą okrzyki bojowe. Walczą w tym szronie z pająkiem, skorkiem i muchą. Nie zwyciężą. Ich światy nie stykają się. Ale to na dole. Tu stykają się wszystkie światy.

First poem

I'm doing it in the loft, close to the sky. Below, frost. Plastic soldiers utter their war cries. In this frost they fight the spider, the earwig and the fly. They won't win. Their worlds do not touch. But that's below. Up here all the worlds touch.

W kwietniu 2016

W kwietniu nie da się. Rozpełzły się wszędzie małe złośliwe człowieczki. Kąsają, piszczą, lamentują, tak jakby te ukąszenia bolały ich a nie nas, syczą, że to nasza wina. Nie podskakujemy na ich antyrządowych manifestacjach, nie jesteśmy dumni z dokonań ich rządu. Jesteśmy osamotnionymi, sparaliżowanymi Guliwerami.

In April 2016

April is no good. Tiny malicious men are swarming everywhere. They bite, squeal, lament, as if the bites pained them, not us; they hiss it's all our fault. We don't jump at their anti-government demonstrations, we are not proud of their government's deeds. We are lonely, paralysed Gullivers.

Dedlajn

I nie można w nieskończoność.

Dedlain

And this can't be done endlessly.

Translator's afterword

"They're decorating a Christmas tree. Their lips are composed but not in a smile. Though they wish it to be. They're looking at us as if we were carps still alive." Under Marcin Świetlicki's scrutiny, the homely often becomes the uncanny. His poems, frequently set at home or on the way home, with winter as a preferred backdrop, signal dilemmas, quests, queries revealing themselves through everyday activities: doing the dishes, forgetting a knife on the edge of the kitchen table, shaving, smoking, drinking, going on a tram, walking up the stairs.

This ordinary and extraordinary business of living unfolds in Świetlicki's chosen city: Kraków. Here the "I" goes for walks, meets friends, observes passers-by, collects snatches of conversations, watches films, loves and looks for love. As a city-stroller, the speaker tends to wear dark glasses: "I can see now/ glaringly: the world is old,/ gaudy, its broken colours/ are creeping to my eyes. Negatives/ burn, burn glaringly." He sees the city as a space of constraint and yet, typically for this poet of deliberate ambiguity, the location proves spacious. In this city, too, the speaker becomes a family man and a father: "In your belly under my hand it has moved."

The poet's emphasis on the private (which hints at his own biography: for example, he was born on Christmas Eve, 1961) does not exclude the public. The lyric persona openly questions his relationship with Poland: its new Constitution ("the illiterate are writing a Constitution for me"), its old vision of "fatherland" in need of defense, and its troubling call for national self-identification. His monologues frequently switch from the more immediate "I" to the less personal "you;" they even distance themselves from the "he."

Świetlicki's "I" often takes on various roles, multiplying himself, to examine not only his condition, but also that of others, ironically and tenderly. He wants to communicate with another person, whom he modestly calls "that other, distant someone." At times embittered, disillusioned and polemical (especially when it comes to current national debates), Świetlicki also appreciates the pop, camp, comic, and absurd.

His singular man, human being, often experiences physical and emotional discomfort. He aches. This existential achiness is so dominant, and the Polish *uwiera* is so close to *umiera*, that I instinctively translated "ache" into "die" when drafting the end of "Advance": "I hurt and I die// but I wasn't meant to." This oversensitivity delimits the circumference of the speaker's private world. Here, bitter humour, irony, and colloquialism become the indispensable features of the private language, which turns out to be the speaker's main ally, especially in challenging the system. In this poetry the system and "they," who frequently represent it, need to be exposed, undermined, and revoked as embodiments of the state, regime, institutionalized oppression, ideological order.

Even though Świetlicki's speaker refrains from participation, dodges taking sides, and renounces the certainty that social and personal bonds are durable enough to withstand the inner tensions of a given locality, his space is very much relational. It is founded on interaction and, as such, it must include conflict. Or, at least, confrontation. The poet explains in one of his interviews that he is not a revolutionary but, rather, a dissenter.

This dissent often leads to conversations with God, Death or Satan—more precisely, with satans. Świetlicki's use of the plural form "satans" in "Washing up" is as tricky in translation as it is in the original. The Polish language does not usually talk about "satans," as Świetlicki does in his poem. In Polish, there is Satan—biblical or Miltonic (Świetlicki alludes to *Paradise Lost* in his work)—and there are devils, who can exist in a grammatically plural form. Since "devils" sounds too homely, this particular poem is most certainly not about them. My use of the plural "satans" may seem weird in English, although it looks equally awkward in Polish. In fact, it proved so suspicious that my translation was rejected by the editorial board of the poetry magazine whose editor championed this solution as "powerful and spooky," adjectives which define two important features of this poetry.

I first encountered Świetlicki's writing when I was a thirty-year-old reader in mid-1990's Poland. The poem I remember most vividly from this reading, "Jonah," has stayed with me for all these years and urged me to translate the work of its author. It appeared in his debut collection, *Zimne kraje* (Cold Countries), dated 1992, though released in 1993. The book, Świetlicki recollects, was already completed as a conceptual project in 1991.

"Jonah" focuses on individual being: both being and *a* being. It contemplates an intricate co-existence, hard-won resilience, and vulnerability—in the guts of the big fish. The final word of the Polish original, *trawiony* ("digested"), hints at the word *trwanie* ("perseverance") through sound and spelling. The suggested juxtaposition evokes the existential ambivalence of our human strength in fragility. To me, the speaker of Świetlicki's poems often finds himself in this ambiguous predicament. The English version of *trawiony—digested*—emphasizes murky endangerment, an equally vital characteristic of the environments where the poet places his (often auto-fictional) speaker(s).

My first presentations of Świetlicki in English attempted to move this poetry away from the politicized discussions of his work as a rebellion against the Party, the Communist regime, national/ Polish/ patriotic values, and high-flown ideals of poetry of resistance. True, his poetry was—and still is—of its time; it often engages in so-called public debates. However, his positioning has always been complicated and acutely self-aware: on the verge.

This selection of Świetlicki's poetry in my translation, approved by the poet himself, follows the chronology of his poetic life and the lives of his individual volumes. It opens with the poems from his first collection, which assume recognizable stanzaic patterns, and closes with jottings, which resemble truncated prose poems, from his 2016 *Drobna zmiana* (Minor Change). The Polish title of this volume enacts another form of dissent. It plays with, and undermines, the political slogan of the Poland governed by the Law and Justice party: *dobra zmiana* ("good change"). Speaking of his recent poetry, Świetlicki states his preference for short, clear sentences, since his earlier poems seem to him now to contain "many unnecessary words, pretty and meaningful, but unnecessary."

In his brief—and unusual (since Świetlicki doesn't like talking about "Świetlicki")—preface to *Poems* (2011), the poet comments on his material and his job:

. . . what does one make poetry from? From antimatter. Poetry is made against. Against institution, whatever its name. Against each government. Against injustice. Against stupidity. Against evil people. Poetry is risk. Poetry is courage. Poetry is dangerous. All the rest is twaddle easily translatable into numerous languages of the world. Nothing more.

Świetlicki once remarked: "translators can be mistaken; I myself am often mistaken in my poems."

Elżbieta Wójcik-Leese
June 2020

Acknowledgments

Thanks are due to the editors of the following journals where versions of these translations have appeared: *Acumen, Chicago Review, Lyric Poetry, Modern Poetry in Translation, Orient Express, Poetry London, Poetry Wales.*

"Jonah," "Shambles," "The World," "McDonald's," "The Siege," and "Advance" were published in *Carnivorous Boy Carnivorous Bird: Poetry from Poland*, selected by Marcin Baran and co-edited by Anna Skucińska and Elżbieta Wójcik-Leese (Zephyr Press, 2004).

"Preface" and "Song of the ill" appeared in *New European Poets*, edited by Wayne Miller and Kevin Prufer (Graywolf Press, 2008).

"M—Black Monday" and "Six times Coltrane" were featured in *The Ecco Anthology of International Poetry*, edited by Ilya Kaminsky and Susan Harris (HarperCollins, 2010).

Bios

Marcin Świetlicki (b. 24 December 1961), a Polish poet, lead vocalist of the bands "Świetliki" and "Zgniłość," and crime writer, is recognized as one of the most intriguing, versatile, and rebellious voices in contemporary Polish poetry. Świetlicki has twelve poetry collections to his name, including *Zimne kraje* (Cold Countries, 1992), *Schizma* (Schism, 1994), *Trzecia połowa* (Third Half, 1996), *Pieśni profana* (Songs of the Profaner, 1998; nominated for the NIKE Literary Prize, the most prestigious literary award in Poland), *Czynny do odwołania* (Unclosed until Further Notice, 2001; shortlisted for the NIKE Prize), *Nieczynny* (Closed, 2003), *Muzyka środka* (Mainstream Music Inside, 2006), *Jeden* (One, 2013; shortlisted for the NIKE Prize), *Delta Dietla* (Dietl's Delta, 2015) and *Drobna zmiana* (Minor Change, 2016). Translated into numerous languages, his work has been presented in English in such journals as *Poetry London, Poetry Wales, Acumen, Orient Express, Lyric Poetry, Chicago Review, Modern Poetry in Translation*. It has also been featured in the following anthologies: *Altered State: The New Polish Poetry* (Arc, 2003), *Carnivorous Boy Carnivorous Bird: Poetry from Poland* (Zephyr Press, 2004), *New European Poets* (Graywolf Press, 2008) and *The Ecco Anthology of International Poetry* (HarperCollins, 2010). He lives in Kraków, Poland.

Elżbieta Wójcik-Leese writes with/in English, Polish and Danish. Her multilingual texts have appeared in *Wretched Strangers: Borders, Movement, Homes* (2018), *Other Countries: Contemporary Poets Rewiring History* (2014), *Metropoetica. Poetry and Urban Space: Women*

Writing Cities (2013) and such journals as *Cordite Poetry Review, Envoi, Island Review, Long Poem Magazine, Modern Poetry in Translation, Poetry Salzburg Review, Projectionist's Playground, Shearsman* and *Tears in the Fence.* Her English translations of contemporary Polish poetry have been featured in various anthologies, journals, and on the London Underground. *Nothing More* (Arc, 2013), which samples Krystyna Miłobędzka, was shortlisted for the 2015 Popescu European Poetry Translation Prize. *Salt Monody* (Zephyr Press, 2006) presents Marzanna Kielar. She co-edited, together with Marcin Baran and Anna Skucińska, *Carnivorous Boy Carnivorous Bird: Poetry from Poland* (Zephyr Press, 2004). *Cognitive Poetic Readings in Elizabeth Bishop: Portrait of a Mind Thinking* (2010) is based on her research as a Fulbright scholar at the Elizabeth Bishop archives. She co-curates "Transreading" courses on translated and transnational poetries for the Poetry School in London. She currently lives in Copenhagen, Denmark.